Thomas Heinis

JE.SUIS.LIBRE
/ANTI-SOCIALISME

Le socialisme est
le cancer de l'humanité.

2012

Thomas Heinis

JE.SUIS.LIBRE
/ANTI-SOCIALISME

D'après une idée originale
de G. DuPérat

2012

« Aux Hommes qui s'intéressent au sort des Travailleurs et luttent contre le socialisme, je dédie cette humble brochure. »

G. DuPérat

avant-propos

- 8 -

L'humanité aura connu une courte période de paix et de progrès, une période dont le souvenir s'efface déjà derrière les crises politiques et économiques qui se sont multipliées ces dernières années. En effet, depuis le début du 20ᵉ siècle c'est en seulement cent ans que nous avons connus les pires atrocités, lors des deux guerres mondiales, et des crises économiques comme on en avait encore jamais connu dans l'Histoire. Aujourd'hui, l'idéologie socialiste qui est née à la fin du 19ᵉ siècle et qui est à l'origine de tout ce gâchis continue pourtant de se répandre dans la société, tel un cancer qui se propagerait dans tout le corps humain.

Dans certains pays, on en arrive à la dictature, ce stade ultime qui pousse une partie de la population, où les gens sont quelques fois traités comme des animaux, à vouloir mourir pour exporter leurs maux dans le reste du monde. Même dans les pays Occidentaux, qui ont pourtant vu naître et grandir la liberté des individus, leur égalité en droit et surtout la fraternité qui les unit, on se laisse aujourd'hui gagner par ce cancer comme si on n'en pouvait plus, comme si l'Homme avait décidé de s'avouer vaincu fasse à ce mal invisible.

Combien de temps nous reste-t-il donc à vivre ? Nombreux sont ceux qui ont préféré partir, ceux qui estimaient simplement ne pas être au bon endroit au bon moment. Aujourd'hui, ils vivent bien mieux que ceux qui sont restés ici. Mais parmi ceux qui sont restés, tous ne se lamentent pas devant leur sort. Beaucoup, dont moi-même, ont décidé que nous ne nous laisserons pas marcher dessus impunément. Et puis les problèmes que le monde connaît aujourd'hui ont tous une origine commune puisqu'à chaque fois ils ont été générés par un gouvernement, qui s'est arrogé le droit d'utiliser la force ou la violence contre les individus. Voulez-vous vraiment que l'on mette fin, ensemble, à toutes ces crises politiques et économiques ? Alors la solution est simple et à portée de tous ! Il suffit d'arrêter de demander aux fonctionnaires du gouvernement d'employer la force pour notre, pour votre compte.

« Le mal ne vient pas seulement de gens mauvais, mais aussi de bonnes personnes qui tolèrent l'utilisation de la force comme un moyen pour leurs propres fins. C'est de cette façon que de braves gens ont donné le pouvoir à de mauvaises personnes au cours de l'Histoire », m'explique-t-on. Parce que oui, chacun de nous comprend très bien que vouloir utiliser la force du gouvernement, pour pouvoir imposer ensuite sa propre vision à autrui, ce n'est rien d'autre que de la paresse intellectuelle. Or la paresse intellectuelle nous conduit souvent à des situations que nous n'avons pas voulues ou qui sont perverses. Mais l'instauration d'une société libre demande le courage : le courage de penser, de parler, d'agir, surtout quand il serait plus facile de ne rien faire.

Et alors que j'essayais de comprendre pourquoi le socialisme exerce une telle fascination et un tel engouement pour les individus, et souvent dans les périodes de crises ou de conflits, j'ai retrouvé deux textes qui pourraient apporter une vision très différente de celle que nous avons de cette idéologie qui semble aujourd'hui devenue complètement folle. En effet, ce sont deux ouvrages qui, tout en étant écrits pour la propagande socialiste, arrivent finalement à parler de liberté, voire à la placer au centre des intérêts. Ces textes sont le

Catéchisme socialiste écrit par CF. Chevé en 1850 et le *Petit catéchisme socialiste* écrit par A. Tabarant en 1893. Ce deuxième ouvrage est inspiré du précédent, et décliné en différentes versions : pour les ouvriers, pour les agriculteurs, etc.

Pour alléger ce livre, j'ai évité de reproduire ici le texte des ouvrages de Chevé et Tabarant – que le lecteur curieux pourra facilement retrouver – mais les socialistes d'aujourd'hui seraient surpris de redécouvrir l'idéal de leurs ancêtres du 19e siècle. Pour eux, attenter au droit de propriété serait « un crime semblable à l'assassinat », l'impôt représenterait « la négation et la spoliation de la propriété », quant à l'État, il incarnerait « la négation de la souveraineté du Peuple ». Et les services publics ? Il eut fallu tout simplement les privatiser ! Plus exactement, c'eut été une forme de privatisation quelque peu singulière, parce que là où leur théorie finit par coincer, c'était dans leur compréhension toute particulière et erronée de l'économie... Et pourtant même à l'époque, la France gardait le souvenir de très bons économistes comme Bastiat, Tocqueville ou Turgot dont il eut suffit de relire les travaux pour en comprendre le fonctionnement...

Alors un certain G. DuPérat décida de répondre en 1893, dans son *Catéchisme antisocialiste révolutionnaire*, aux errements de ces prédécesseurs. Comme eux, il rédigea un ouvrage digeste, court et simple, à la portée de quiconque décide de l'ouvrir, mais qui balaya d'un revers de page les idées fausses qui avaient été jusque là répandues. Un ouvrage que beaucoup devraient avoir à l'esprit et dont la connaissance nous aurait évité bien des erreurs et des conflits. Au lieu de cela, le texte de DuPérat, comme les autres, a disparu au fil du temps et est resté à l'abandon... Pour cette raison, j'ai souhaité ressortir et dépoussiérer ce monument pour le remettre sous les projecteurs, l'actualiser et vous le présenter. Et, suite à l'enthousiasme qu'avait suscité la première version de cet ouvrage, parue il y a 6 mois, il me paraissait nécessaire de le compléter afin d'expliquer comment la civilisation humaine peut permettre à chacun d'atteindre le bien-être.

Thomas Heinis

préface

- 16 -

La France a peut-être été le berceau de la Liberté, mais c'est une époque révolue. Dorénavant, il est impensable pour la majorité de laisser de côté la « social-démocratie » qui nous berce dans l'irresponsabilité, et son corollaire, la disparition progressive de la Liberté.

Conséquence directe, un peuple qui perd sa Liberté perd sa souveraineté. Les tenanciers politiciens attaquent cette souveraineté à coup de boutoir. Constamment. Alors qu'ils sont censés être des représentants élus du peuple, certains se définissent aujourd'hui comme des décideurs. Toutes les portes sont ouvertes.

L'élection présidentielle de 2012 a vu le plus fort taux d'abstention depuis le début de la République. Près de 44 % des Français se sont abstenus. Si les analyses vont bon train dans les médias, un aspect est occulté : le peuple ne veut plus de cette classe politique autoproclamée « décideurs ».

Benjamin Franklin avait vu juste : si vous donnez de votre Liberté pour obtenir de la « Sécurité », vous n'obtiendrez rien du tout et perdrez votre Liberté. Les assauts constants contre la libre détermination du peuple atteignent maintenant des proportions folles. Et elles ont lieu dans tous les sujets.

Car il faut être conscient que l'heure est grave : la Liberté du peuple diminue jour après jour. Le mouvement s'est accéléré depuis une dizaine d'années. Les interdits sont de plus en plus nombreux, comme l'hyper-intervention de l'État. Ceux qui disent vous protéger nient et dénient vos droits.

Et cela commence dès le berceau de l'individu. La négation des droits de l'individu est saisissante. L'utilisation de droits fondamentaux secondaires a eu un impact considérable dans cette négation. On esquive les droits principaux au profit des droits secondaires, inapplicables et ineptes.

L'individualisme – notion par laquelle vous êtes quelqu'un d'unique, avec une expérience propre et des désirs personnels – est rangé dans un placard, loin de votre portée. Si l'individualisme est mort, c'est que le collectivisme a pris sa place. Êtes-vous un clone de votre voisin ?

Thomas Heinis fait partie de ces bonnes volontés qui luttent alors même que la lutte est annoncée comme finie. Car la lutte pour la Liberté n'est pas terminée. Devant l'ampleur du désastre collectiviste qui règne en France, il y a même fort à faire.

La liberté est d'une simplicité enfantine, loin des usines à gaz complexes et impraticables portées par les apparatchiks français. Dans ce livre, plusieurs dialogues s'enchainent sur les questions fondamentales de notre temps. À l'heure où la partie collectiviste du monde s'enfonce, cette lecture est plus que salutaire.

Une jeune génération reprend le flambeau de la Liberté, laissé en piteux état par la vieille garde. Si la France a été considéré comme « une URSS qui a réussi », ce n'est pas le seul point qui a mené à la déchéance de la Liberté : les précédents défenseurs ont aussi une lourde responsabilité.

Thomas nous congratule d'un livre accessible à tous. Il n'y a nul besoin d'être universitaire pour comprendre les notions clés auxquelles la France en faillite aggravée devra faire face dans les mois et années à venir.

Nos pères avaient compris les enjeux de la Liberté. La Déclaration des Droits de l'Homme et du Citoyen de 1789 et ses travaux préparatoires nous traçaient une route radieuse, dont l'étatisation de la vie politique nous a séparés. L'Ancien Régime est de retour.

David Renaud-Kessler,
président fondateur
du *Mouvement des Libertariens*.

introduction

Il n'est pas facile de parler de liberté, même de nos jours. Dans ce pays qui peut s'en revendiquer le berceau, évoquer la liberté, pleine et entière, celle qui ne se met qu'au singulier, pour réveiller nos contemporains endormis par une société ambiguë et toute d'apparences, constitue désormais un défi. Thomas Heinis, simple citoyen éveillé et inquiet par notre sommeil, s'y emploie ici avec talent.

J'ai longtemps été endormi moi-même. Un jour, le puzzle de centaines de pièces s'est mis en place, les questions politiques, économiques, de droit, historiques ou de sécurité se sont accordées en une image claire, simple. La liberté m'est soudain devenue une évidence et un but à faire partager.

Car la liberté se reconnaît à sa simplicité. Le texte de Thomas – inspiré de G. DuPérat – nous le rappelle. Un simple dialogue sur des questions fondamentales. Des réponses toujours simples, cohérentes, libres de cette « langue de bois », « novlangue » dirait Orwell, qui caractérise le discours politique moderne. C'est le paradoxe de la liberté. Elle est naturelle et donc simple, mais nous l'avons tous oubliée.

Dès la première page, l'individu de ce dialogue affirme sa naissance, celle qui seule lui donne ses droits, tous ses droits. Cette renaissance est celle de son accès à la vérité de l'évidence de sa situation, notre situation à tous. Nous sommes tous libres de naissance.

Thomas a raison, la vérité s'oppose aux atteintes à la liberté. Telles les Lumières, la liberté nous apparaît une fois osée la vérité. Pour être visible, l'image du puzzle impose qu'on accepte de s'avouer qu'on vit dans une société où mensonges et euphémismes sont omniprésents. Et que chacun participe à entretenir la brume qui obscurcit les esprits de tous.

Ce n'est bien sûr pas si facile, la brume est bien là, avec ses artifices. Et quel est le premier d'entre eux ? En guise de réponse, Thomas pose la question essentielle : « Les états sont-ils sources de civilisation ? » Des auteurs innombrables ont débattu de l'état comme facteur de liberté. Depuis

John Locke, ce nombre devient un reflet de cette difficulté commune à chasser la brume.

Pourtant la cause est désormais entendue. La liberté repose sur des fonctions régaliennes, un « état de droit » fort. Mais, pour faire écho à Max Weber et à Christian Michel, elle exige autant que personne ne détienne le monopole de ce pouvoir.

Les politiciens pourtant ne l'entendent pas de cette oreille. Tels une Hydre dont ils seraient les têtes inépuisables, ils protègent l'illusion de l'état sous prétexte de « vouloir améliorer mon sort tout en vivant à mes dépens ». Illusionnistes, voilà bien la brume dont il nous faut nous défaire.

Dans cette seconde édition, Thomas trouve encore le mot juste : « les politiques souffrent d'hémiplégie morale ». Ils nous vendent de la liberté ou du bonheur au profit de leur pouvoir. Or « rien n'est " politique " par nature. » Seul l'ordre résultant de l'absence d'autorité nous est naturel.

La nature, justement, nous aide à chaque instant. Il suffit d'ouvrir les yeux pour se réveiller. Regardons ces images de la nature, extraordinaires, où la variété et la beauté infinies de la faune, de la flore, du relief, des paysages, des peuples bien sûr, illustrent à mon sens ce que serait une société humaine libre dans sa diversité et sa richesse. Le puzzle se forme si on sait le voir.

Car liberté comme nature sont le produit d'un nombre très réduit de lois interprétées sans autre contrainte dans un nombre infini de circonstances. Bienvenue dans un monde libre, simple, vrai et riche d'espoir où la liberté peut enfin s'exprimer à l'infini. Merci Thomas.

Stéphane Geyres,
co-fondateur du collectif de *La Main Invisible*,
auteur du livre *Libres !*

1er ENTRETIEN

» l'individu – ses droits

— Comment te nommes-tu ?

— **Individu**.

— Qu'entends-tu par ce nom ?

— Tout **être** qui existe de par les lois de la nature, c'est-à-dire l'homme, la femme et les enfants. L'homme et la femme doivent assurer les moyens d'existence à leur foyer, s'aident moralement dans leurs entreprises et partagent leurs douleurs et leurs joies. L'enfant appartient à l'avenir.

— Est-ce que quelqu'un t'accorde des droits ?

— C'est par ma naissance seule, que des droits m'ont été accordés. Ces droits sont **naturels** et **inaliénables**.

— Comment définis-tu un droit ?

— Ce qui est un **devoir** pour chacun constitue la substance des **droits** des autres.

— Peux-tu me donner un exemple ?

— Je dois m'abstenir de tuer quiconque : j'ai droit à la vie. Je dois m'abstenir de voler quiconque : j'ai droit à la propriété. Je dois m'abstenir d'entraver la liberté d'autrui : j'ai droit à ma propre liberté.

— Qui a inventé ces droits ?

— À partir du moment où il y a eu deux humains sur la Terre, ils se sont accordés ces droits **naturellement**.

— A-t-on jamais oublié ces droits ?

— Si, lorsque des états ont décidé qu'ils étaient eux-mêmes le Droit.

— Quelles en ont été les conséquences ?

— Des soldats et des officiers d'une armée ont assassiné des milliers de femmes, d'hommes et d'enfants, parfois dans des camps de concentration. Et cela, ils l'ont fait en suivant la loi de leur état ; ce qu'ils ont fait était donc parfaitement légal et il n'ont fait qu'obéir à la loi de leur état.

— Quand eut lieu cet épisode de l'Histoire ?

— Au début du 20e siècle, quand ces états ont découvert le socialisme et le fascisme. En seulement 50 ans, l'humanité a connu les plus belles catastrophes politiques, subi la première crise économique majeure et souffert de deux guerres mondiales. En seulement 50 ans, l'humanité a perdu plus de 130 millions d'âmes innocentes qui sont mortes par la volonté de trois seuls chefs d'état.

— Si un état crée des lois, ne leur est-il pas supérieur ?

— Un état reste une **organisation humaine** et chacun de ses membres doit donc respecter le Droit naturel. Les droits naturels sont universels et intemporels. Et c'est cette base qui a permis de juger les criminels qui avaient pourtant obéi aux lois de leur état.

— Possèdes-tu d'autres droits ?

— Parfaitement. J'ai le droit de vendre mon travail comme je le veux. J'ai le droit de chercher le bien-être par mes économies. Et puis j'ai le droit de faire élever mes enfants où bon me semble. Et enfin je peux décider la grève.

— Qu'est-ce que la grève ?

— C'est un droit que m'accorde mon employeur, pour faire triompher mes revendications honnêtes.

— La grève est-elle toujours faite honnêtement ?

— Hélas non ! Car il y a généralement des meneurs qui en profitent pour acquérir la popularité, en exploitant leurs malheureux collègues qui les écoutent.

— La grève est-elle un droit naturel ?

— Non et c'est même un faux droit si elle n'est pas librement consentie entre l'employeur et l'employé.

— Pourquoi est-ce alors un faux droit ?

— Parce que les droits sont universels, c'est-à-dire que ce sont les mêmes pour chaque individu. Mais s'il faut prendre à l'un pour donner à l'autre ou si l'un doit se soumettre à l'autre, contre son gré, ce n'est donc plus vraiment un droit.

— La grève peut-elle être un droit naturel ?

— Oui si l'égalité en droit est respectée : « Je dois quitter mon employeur en cas de conflit insoluble : j'ai le droit à la grève. »

— Y a-t-il d'autres faux droits ?

— Le droit animal, puisque l'animal ne peut avoir de devoir. Le droit à l'image, puisque l'image ce n'est pas moi ou un morceau de moi, mais c'est uniquement ce qu'autrui voit, de lui-même, que je le veuille ou non. La sécurité est aussi un faux droit mais, par contre, j'ai le droit de ne pas être agressé et le devoir de ne pas agresser autrui.

— Ainsi s'achève la liste des faux droits ?

— Non, on pourrait inventer tous les droits imaginables. Y compris le droit au travail, le droit au logement, le droit d'avoir une voiture avec chauffeur, le droit d'avoir de la nourriture à volonté, le droit d'avoir un salaire minimum ! Certains faux droits n'existent que dans certaines régions de la Terre, à certaines époques, dans certaines cultures... Les droits naturels existent partout et tout le temps.

— Quel est le montant de ton salaire ?

— Il m'est impossible de répondre précisément à cette question. Mon salaire est susceptible d'améliorations, selon la marche progressive de l'entreprise qui m'emploie et mon talent...

— Comment se justifient-ils ?

— D'après les lois de l'**offre** et de la **demande**.

— Qu'appelle-t-on un économiste ?

— C'est quelqu'un qui se consacre à l'étude des moyens propres à contribuer à la richesse d'un pays, d'une société, d'une corporation...

— Le travail est-il une marchandise ?

— Oui puisqu'il est échangé contre une autre marchandise, appelée « argent », et que chacun peut offrir son travail à celui qui donne le plus d'argent.

— Peux-tu, par ton épargne, acquérir la fortune ?

— Non... Mais je peux acquérir le bien-être, à la condition de savoir économiser.

— Qu'entends-tu par « savoir économiser » ?

— Je veux dire que si je gagne 1200 € par mois et qu'il ne m'en faut que 900 pour vivre, la différence doit être mise de côté, plutôt que dépensée au cabaret...

— Espères-tu devenir patron ?

— Certainement, car c'est le désir de tout employé !

— L'État veut-il améliorer ton sort ?

— Il prétend améliorer le sort de chacun. Mais l'État, c'est une administration qui ne produit rien que des formulaires administratifs, qui ne vend rien que des mandats électifs et ne peut améliorer le sort de l'un au détriment de l'autre, ce qui est injuste.

— N'as-tu pas de famille ?

— Si, j'ai une famille qui fait ma joie de chaque jour et l'espoir de ma vieillesse.

2e ENTRETIEN

» socialisme – capitalisme

— Quelle est ton idée politique ?

— Je veux la **liberté** pour chacun et le **progrès** dans toute chose.

— Es-tu socialiste ?

— Non, mais je suis partisan de toutes les **réformes sociales** qui peuvent s'accomplir dans la mesure du possible.

— Qu'est-ce qu'un socialiste ?

— C'est quelqu'un qui prétend chercher le progrès et respecter la propriété alors qu'il ne reconnaît pas le **capitalisme**.

— Qu'est-ce que le fascisme ?

— Le fascisme est proche de la **dictature** ou de la **tyrannie**, c'est la répression et le contrôle de la société civile. Il rejette la moindre forme de libéralisme.

— Le libéralisme est-il une idéologie opposée au socialisme ou au fascisme ?

— Non. Le libéralisme est une théorie du **droit**. S'il était appliqué, le socialisme et le fascisme n'auraient plus lieu d'être et les dictateurs ne pourraient plus commander qu'eux-mêmes.

— Peux-tu résumer la théorie libérale ?

— Chacun est seul maître de lui-même et possède, de par sa seule naissance, des droits naturels et inaliénables.

— La liberté est-elle gratuite ?

— La liberté implique la **responsabilité**, la responsabilité entraîne la **liberté**.

— Qu'entend-on par « capital » ?

— On appelle « capital » la chose essentielle que possède un individu pour l'exploitation du commerce auquel il se livre. Il peut être en argent ou en biens.

— Le capital est-il nécessaire au travail ?

— Oui ! Car sans capitaux, aucune industrie n'est possible. Et l'usine ne fonctionnant pas, il n'y a pas besoin du travailleur...

— Qu'est-ce qu'un capitaliste ?

— Tout individu qui possède des biens ou de l'argent, ce qui constitue le **capital**.

— Crois-tu que le capitaliste s'intéresse aux questions sociales ?

— Je le crois puisqu'il existe de grandes industries qui s'intéressent au sort de leurs ouvriers en créant des sociétés de **secours**, de **pensions** ou d'autres faits **humanitaires**.

3e ENTRETIEN

» réformes sociales
– collectivisme

- 44 -

— La famille est-elle une notion importante pour toi ?

— Une famille, un ménage, un foyer, quel que soit le nom que l'on utilise, c'est la source de la **civilisation**.

— Les états sont-ils sources de civilisation ?

— Les états sont simplement des groupes d'individus qui s'autorisent à user de la force lorsque leurs semblables ne se soumettent pas. Ils sont donc la source de la **dé-civilisation**.

— Que sont pour toi les réformes sociales ?

— Les réformes sociales sont les moyens propres à la réalisation du **bien-être** de chacun en particulier et de la **prospérité** de tous en général.

— Qu'est-ce qu'un prolétaire ?

— Le travailleur de l'usine, de l'atelier, des champs, du bureau, ... Un prolétaire est celui qui peine chaque jour pour gagner sa vie honnêtement.

— Faut-il y avoir l'égalité parmi les prolétaires ?

— Oui devant la justice, non dans la condition. Car l'un peut être plus intelligent, plus travailleur, plus économe que l'autre...

— De quoi souffres-tu ?

— Je souffre du mal que me font endurer certains individus qui pratiquent le métier de **charlatan**, sous prétexte de vouloir améliorer mon sort tout en vivant à mes dépens, et que l'on appelle des politiciens.

— Espères-tu un avenir meilleur ?

— Je ne l'espère pas mais je le veux. Je vis pour améliorer mon avenir et celui de ma famille.

— Par quelles réformes sociales y arrive-t-on ?

— Par aucune réforme que certains voudront imposer aux autres. Seul mon travail me grandit. Seule la main invisible du marché contribue au bien-être de tous.

— Que penses-tu du collectivisme ?

— Je pense que ce sont des théories irréalisables dans la pratique. Le collectivisme consiste à dire : « Tu possèdes plus que moi, donc j'ai le droit de te prendre une partie pour que nous soyons égaux. »

— Le socialisme abolit-il la propriété individuelle ?

— Oui, puisque donner à celui qui possède le moins n'est possible qu'en prenant à celui qui possède le plus. Même si l'on institutionnalise le vol, cela reste un vol. Et si le vol est autorisé, plus rien ne garantit ma propriété.

— La propriété individuelle est-elle une liberté ?

— Oui, la propriété individuelle est une liberté étant donné que chacun a le droit de posséder, selon ses moyens, la plus modeste particule de terre ou de bien et qu'il peut en disposer selon son bon plaisir.

— À partir de quel âge devrait-on travailler ?

— À partir du moment où l'on a acquis la force et l'instruction nécessaires... Dans certains métiers, l'instruction seule peut suffire.

— Jusqu'à quel âge l'Homme doit-il travailler ?

— Tout Homme est libre de travailler selon sa propre volonté et tant que ses forces le lui permettront. Il n'y a pas à imposer d'âge.

— Bannis-tu le socialisme ?

— Oui, car c'est le **cancer** de l'humanité.

— Crois-tu aux progrès du socialisme ?

— Non, car il est basé sur de fausses théories et se trouve trop souvent en **contradiction** avec lui-même.

— Qu'opposeras-tu à cela ?

— La **vérité**, qui est l'essence même du raisonnement et la preuve irréfutable de la logique.

— Enfin qui donc es-tu ?

— Un **individu**.

— Que veux-tu ?

— Le **progrès**.

— Que t'offrent les capitalistes ?

— La **paix** à l'intérieur et à l'extérieur par le respect de la propriété et de la liberté.

— Que t'offrent les socialistes ?

— La révolution sociale et ses conséquences : la **misère** !

4ᵉ ENTRETIEN

» philosophies et partis pris politiques

LIBERTÉ
GAUCHE
DROITE
TYRANNIE

— Qu'est-ce que **la** politique ?

— C'est l'organisation du pouvoir d'un état.

— Qu'est-ce qu'**une** politique ?

— C'est l'ensemble des options prises par le gouvernement d'un état.

— Qu'est-ce qu'**un** politique ?

— C'est quelqu'un qui fait de la politique.

— Qu'est-ce qu'un **parti pris** politique ?

— C'est une opinion politique préconçue ou une résolution prise d'avance.

— Qu'est-ce qu'un **parti** politique ?

— C'est une association de personnes constituée pour soutenir un parti pris.

— Pourquoi parle-t-on de parti de **gauche** et de parti de **droite** ?

— C'est en référence à l'endroit où siègent les politiques, dans leurs salles où ils prennent des décisions. Souvent leurs idées politiques sont floues, alors il est plus simple de dire que tel politique est à gauche et tel autre à droite ; et puis de cette manière cela nous permet de rappeler que les politiques souffrent d'hémiplégie morale.

— Cette distinction est-elle pertinente ?

— Elle est surtout **trompeuse** et évite aux gens de **réfléchir**. Tel politique siège de tel côté, alors il a raison ! Ou il a tort... On pense qu'il y a d'un côté les bons, de l'autre les mauvais. D'un côté les génies, de l'autre les imbéciles. D'un côté les grands, de l'autre les gros. D'un côté les perfides, de l'autre les...

— Merci ! Tu m'as dit que ton idée politique, c'est de vouloir la liberté pour chacun et le progrès dans toute chose. De quel côté siègerais-tu, si tu étais dans une de ces salles ?

— Je siègerais en hauteur, dans la tribune ! Ainsi je verrais s'évaporer dans les airs toutes leurs sornettes. Ou alors je changerais de place au cours des débats... S'attacher au positionnement à gauche ou à droite des politiques, c'est détourner le spectateur de la réalité. Il n'y a jamais eu au cours de l'Histoire de l'humanité que **deux philosophies politiques** : celle de la **liberté** et celle du **pouvoir**.

— C'est-à-dire ?

— Eh bien il y a les **libéraux** et les **fascistes**. Les libéraux pensent que les gens devraient être libres de vivre leur vie comme ils l'entendent, tant qu'ils respectent ce même droit pour autrui. Tandis que les fascistes pensent que certains devraient pouvoir utiliser la force, pour obliger les autres à agir d'une manière qu'ils n'auraient pas forcément choisie.

— La philosophie du pouvoir, je connais bien. Mais peux-tu résumer la philosophie libérale ?

— C'est très simple. Il suffit de voir que chacun de nous, toi-même, tu existes non seulement dans l'**espace**, là où tu es, mais tu existes aussi dans le **temps**, puisque tu as un passé, un présent et aussi un futur, qu'on appelle l'avenir. Perdre ta **vie**, c'est perdre ton **futur**. Perdre ta **liberté**, c'est perdre ton **présent**. Perdre le **produit** de ta vie et de ta liberté, c'est perdre la portion de ton **passé** qui l'a produit. Le produit de ta vie et de ta liberté, c'est ta **propriété**.

— Qu'est-ce que la propriété ?

— La propriété, c'est le fruit de ton travail, c'est-à-dire le produit de ton **temps**, de ton **énergie** et de ton **talent**. C'est aussi cette partie de la **nature**, que tu mets à profit. Et enfin, la propriété ce peut être aussi la propriété d'**autrui**, que tu peux recevoir par échange volontaire et consentement mutuel avec lui.

— Qu'est-ce que l'échange volontaire ?

— L'échange volontaire, c'est lorsque deux personnes échangent des biens de leur **propre volonté** pour en tirer toutes deux un **avantage**, sinon elles ne le feraient pas. Et il n'y a que ces deux personnes qui puissent prendre cette décision pour **elles-mêmes** parce que décider pour autrui, c'est lui imposer un choix, qu'il aurait peut-être fait ou peut-être pas, mais c'est déjà se comporter en tyran et ne pas respecter sa liberté.

— Et s'il n'y a pas de consentement mutuel ?

— Oui, malheureusement une personne mal intentionnée peut mentir délibérément pour tromper l'autre. C'est ce qu'on appelle la **tromperie**. Pire encore, une personne ou un groupe de personnes peut faire usage de la **force** ou de la **violence** pour obliger quelqu'un à faire un échange non consenti.

— L'usage de la tromperie ou de la force est-il contraire à la philosophie libérale ?

— Évidemment, oui. L'utilisation de la force ou de la tromperie pour ôter la **vie** d'autrui, c'est le **meurtre** ; pour ôter la **liberté** d'autrui, c'est l'**esclavage** ; pour ôter la **propriété** d'autrui, c'est le **vol**.

— Quel est donc ton parti pris politique ?

— Je n'ai de parti pris ou de plan que pour moi-même, afin de me permettre de réaliser les **objectifs** que je me suis fixés en fonctions des **valeurs** que je respecte.

— Assumes-tu tes choix ?

— Bien entendu. Je suis **responsable** de ma vie. Seuls l'enfant et le dément, qui vivent sous tutorat, ne sont pas responsables des choix que l'on a faits pour eux.

— Et quel devrait être le parti pris d'autrui ?

— Que chacun s'en tienne aux droits de chacun. J'attends seulement qu'autrui honore sa signature et tienne consciencieusement son engagement, tout comme j'honore ma signature et tient mon engagement. Nos contrats sont nos lois.

— La politique est-elle la base du fonctionnement de notre société ?

— Rien n'est « politique » par nature. À la base, tout est affaire **privée**. Mais tout devient politique dès que quelqu'un veut imposer son modèle de société, ses choix, lorsque des charlatans se mettent à vouloir jouer avec la vie des gens.

— La politique est-elle finalement un spectacle de marionnettes dont les politiciens tirent les ficelles ?

— Finalement, ce que l'on appelle la politique, c'est ce qui nous permet à chacun, et même aux meilleurs d'entre nous, de pouvoir convoiter, mentir, voler et même tuer, à l'occasion, et de pouvoir le faire tout en se sentant bien et avec le sentiment d'avoir fait quelque chose d'utile pour la société. Quelle belle **moralité** !

≫ démocratie – marché

- 58 -

— Qu'est-ce que la démocratie politique ?

— C'est un système **utopique** dans lequel on crée un gouvernement « au nom du peuple, par le peuple et pour le peuple ».

— Qu'est-ce que le marché ?

— C'est un lieu imaginaire où se **rencontrent** l'offre et la demande, c'est-à-dire des acheteurs et des vendeurs, qui échangent différents produits et services. En réalité le marché est partout et, même si je ne produis rien, je peux vendre mon intelligence ou ma force de travail.

— De nombreux humains disent vivre dans un système politiquement démocratique, alors pourquoi dis-tu que ce système est utopique ?

— Parce que dans ces démocraties, on vote des lois en affirmant qu'elles seraient l'expression de la volonté générale, alors que la volonté générale **n'existe pas**. Il y a ceux qui sont « pour », mais il y a aussi ceux qui sont « contre », ceux qui votent « blanc » ou « nul » et ceux qui ne votent pas. Il peut toujours y avoir des gens en désaccord. Pense-t-on à eux ? Non, on valide l'avis de la majorité en se résignant à dire qu'on ne peut pas être **tous** d'accord...

— C'est le propre de l'homme ! N'est-il pas juste que la minorité se range derrière l'avis de la majorité ?

— Non, parce que cela signifie qu'il faut imposer sa volonté à autrui, éventuellement **par la force**. On ne respecte donc pas ses droits.

— Eh bien... Il faut bien finir par mettre tout le monde d'accord et trouver un consensus. Pourquoi la démocratie ne le pourrait-elle pas ? Qu'y trouves-tu d'injuste ?

— Voilà exactement l'erreur. Il n'y a pas à imposer d'unanimité ! Pourquoi le devrait-on ? Pour quelle raison ? Cela n'existe pas, ce n'est pas naturel et c'est impossible. Tous les avis sont dans la nature ! Vouloir absolument imposer ses décisions aux autres, pour quelque raison que ce soit, ce n'est rien d'autre qu'une forme de **sadisme**.

— Oui mais le but de la démocratie, c'est de maintenir l'égalité en droit entre les citoyens, n'est-ce pas ? Il faut donc bien une loi valable pour tous qui s'impose à tous...

— Une loi valable pour tous est, bien sûr, nécessaire pour permettre l'égalité en droit. C'est bien pour cela que je reconnais la **loi naturelle**. La loi naturelle protège mes propres droits comme elle protège ceux d'autrui. Nos droits à tous sont donc respectés.

— Ne reconnais-tu donc pas le gouvernement de la majorité, qui a pourtant été élu démocratiquement ?

— Quiconque impose la loi qu'il a décidée à autrui outrepasse ses propres droits et prive autrui de ses droits fondamentaux. Ceci équivaut à la **dictature**, c'est du **fascisme**.

— La dictature ! Alors selon toi, il peut y avoir, sur 100 personnes, 51 dictateurs et 49 esclaves ? La démocratie est pourtant la forme de gouvernement la plus aboutie pour permettre le progrès de l'humanité, non ?

— Un système politique dans lequel 51 imbéciles pourraient imposer leur volonté à 49 génies sous le seul prétexte de leur nombre n'aboutit sur aucun progrès. Voilà pourquoi même un état démocratique est source de **déclin**.

— Le déclin ne vient-il pas plutôt de l'absence d'un pouvoir fort ?

— La démocratie a justement été créée pour supprimer le risque d'un pouvoir trop fort, d'un pouvoir absolu ! Te rappelles-tu ? Un seul pouvoir absolu dans l'Ancien Régime, mais aujourd'hui les pouvoirs exécutifs, législatifs et judiciaires sont séparés. C'était, soi-disant, pour protéger la liberté, l'égalité et la fraternité des citoyens...

— Donc théoriquement la démocratie est bien le meilleur système !

— Bon... Prenons un autre exemple bien connu. La démocratie, ce serait comme deux loups et un agneau qui votent le repas du dîner. Eh bien dans le système que je propose, l'agneau serait bien armé et pourrait contester le résultat du scrutin.

— Alors que reconnais-tu ? L'anarchie ?

— Je reconnais que nul ne peut exercer d'autorité sur autrui, si ce n'est des parents sur leurs enfants mineurs. Alors oui, je reconnais que si les Hommes sont réellement égaux, aucun ne peut avoir d'autorité sur un autre. Et l'**absence d'autorité**, c'est ce que l'on appelle l'anarchie.

— Donc tu veux le désordre !

— Non. L'absence d'ordre, c'est l'**anomie**. Cela n'a aucun rapport avec l'anarchie... Or un monde anarchique n'est pas forcément anomique !

— C'est ce que j'appelle « jouer avec les mots » !

— Tu veux vraiment jouer avec les mots ? Alors voici une petite devinette. Devine qui je suis... Je suis une organisation fortement hiérarchisée. J'impose ma loi sur mon territoire. Je vis du racket des habitants de ce territoire et l'argent récolté va au bénéfice de mon pouvoir et de mes serviteurs. Qui suis-je ?

— La mafia !

— Perdu ! Je pensais à l'État. Ça marche tout aussi bien. Essaie, pour voir...

— N'exagérons rien ! Je ne vois aucun rapport entre une mafia et un état, qui plus est démocratique. La mafia veut le mal, l'état veut le bien.

— Pourtant le rapport entre les deux est évident. La seule différence c'est que, dans une démocratie, les chefs mafieux sont élus. Et quand bien même un état rendrait des services en échange de l'impôt qu'il prélève, ses fameux services publics, cela ne rend pas l'État pour autant plus légitime ! Et puis cela n'abolit pas non plus la violence qui est faite aux citoyens non consentants ! Et, enfin, l'État rend ses services qu'on le veuille ou non, sans se soucier de leur utilité ni de leur efficacité ! Alors oui, **l'État est une mafia** et c'est bien de **crime organisé** que nous parlons. Comme la mafia, il assure le citoyen de sa protection en échange du tribut qu'il a prélevé...

— J'ai beaucoup de mal à concevoir ce que tu dis. La démocratie ne protège pas les droits alors que l'anarchie le pourrait ? J'en suis estomaqué.

— La démocratie que nous connaissons laisse la majorité priver la minorité de ses droits. Alors que l'anarchie, c'est lorsque personne ne peut imposer sa volonté à autrui. Cela ne veut pas dire que plus rien ne fonctionne ou que tout est à l'arrêt, mais que toute décision prise le sera sur le **consentement mutuel** des personnes concernées.

— Et d'après toi comment fonctionne les services publics dans un pays anarchique ?

— Mieux que dans une démocratie.

— Ah bon ? Qui les contrôle ? Qui les fait fonctionner ? Qui veille au respect des clients ?

— Quand tu achètes ton pain chez un boulanger, qui te dit qu'il n'est pas empoisonné ? Tu paies ton boulanger pour te fournir du pain et il le fait : c'est votre contrat, c'est votre loi. Les services publics peuvent devenir **privés**, cela ne les empêchera pas de fonctionner, bien au contraire !

— Alors tout va devenir payant ! C'est un système qui va mener les gens à la ruine !

— Tout travail mérite salaire, non ? Donc les gens ne vont pas se ruiner, s'ils sont responsables. Et tout ne va pas devenir payant ! Dans un pays, on a remarqué que 92 % de la population utilise un seul et même moteur de recherche pour le web. Il s'agit donc d'un **service public** rendu par une **société privée**, qui plus est **étrangère**, et il est même plus utilisé que d'autres services publics créés par l'État lui-même. Pourtant aucun internaute n'a jamais déboursé un seul centime pour pouvoir utiliser ce service, alors que la société privée qui l'a créé en gagne des milliards...

— Refuses-tu alors la démocratie ?

— La seule démocratie fonctionnant correctement est celle du **marché**, où chaque centime dépensé est une voix donnée. Peu d'argent pour acheter une voiture ? Je vote *low cost*[*]. Des revenus confortables ? Je vote haut de gamme. Une famille nombreuse ? Je vote espace. Dans tous les cas, ma voix est entendue et respectée et j'en ai pour mon argent. Marre de la société de consommation ? Je m'abstiens. Dans tous les cas, ma voix est entendue et respectée, personne ne me forcera jamais à acheter ce que je ne veux pas. Les droits de chaque individu sont respectés. Quel état respecte les choix des citoyens ? Aucun. Quel état est aussi efficient que le marché ? Aucun. Jamais aucun état n'apportera les mêmes garanties de réponse aux attentes des individus que le marché. Et pourtant, dans le marché aucune autorité n'oblige qui que ce soit à quoi que ce soit. Le marché est donc une **démocratie anarchique** parfaite : chacun est écouté, chacun est respecté et tout cela dans le seul respect du **droit naturel**.

---

[*] « *low cost* » = à faible coût

6e ENTRETIEN

> » travail – société – commerce – progrès

- 68 -

— Comment te nommes-tu ?

— **Individu**.

— Qu'entends-tu par ce nom ?

— Tout **être** qui existe de par les lois de la nature, c'est-à-dire l'homme, la femme et les enfants. L'homme et la femme doivent assurer les moyens d'existence à leur foyer, s'aident moralement dans leurs entreprises et partagent leurs douleurs et leurs joies. L'enfant appartient à l'avenir.

— Est-ce que quelqu'un te donne du travail ?

— C'est par mon entreprise seule, que du travail m'a été donné. Ce travail est **spontané** et **utile**.

— Comment définis-tu le travail ?

— La finalité de tout travail est de répondre au **besoin** d'un client et d'en générer un **profit**.

— Peux-tu me donner un exemple ?

— Eh bien par exemple si quelqu'un cherche un balayeur, je peux lui proposer le mètre carré balayé pour deux cent sous. C'est un simple exemple, il y en a une infinité d'autres et il y a toutes sortes de métiers. La seule limite au travail est notre imagination.

— Qui a inventé le travail ?

— À partir du moment où il y a eu deux humains sur la Terre, ils se sont mis à travailler **spontanément**. Plus il y aura d'humains, plus il y aura de travail.

— A-t-on jamais combattu le travail ?

— Si, lorsque des états ont décidé qu'ils étaient eux-mêmes la source du Travail.

— Quelles en ont été les conséquences ?

— Ces états ont créé des camps de travail obligatoire, qui étaient des sortes de prison dans lesquelles ont pouvait être enfermé pour toutes sortes de motifs. Le travail était payé directement en nourriture, rationnée selon le travail effectué. L'économie de ces pays était collectivisée et planifiée, la répression systématique et organisée. Et pendant des décennies, les socialistes des autres pays ont nié l'existence de ces camps.

— Les socialistes soutiennent-ils le travail ?

— Ce n'est pas parce que l'on se dit socialiste qu'on est social ou qu'on soutient le travail. C'est une tromperie grossière ! J'en veux pour preuve les multiples partis pris socialistes qui, une fois appliqués, n'ont jamais réduit la misère mais, bien au contraire, ont toujours créé de nouvelles routes vers la **servitude**.

— Rejettes-tu les partis pris socialistes ?

— Oui. Ils proposent la solidarité de la même manière qu'une prostituée propose l'amour.[*]

— Qu'est-ce qui empêche des travailleurs de trouver un employeur ?

— Les réglementations, les régulations, les taxes et les quotas. Les freins n'ont de limite que l'imagination des tyrans qui osent commander autrui « au nom du peuple, par le peuple et pour le peuple ». Seule la liberté permet à la société d'avancer. Liberté de travailler, liberté d'entreprendre, liberté de commercer, d'échanger, liberté de circuler. Mais chaque frein à la liberté est un frein social qui empêche tout **progrès**.

---

[*] Citation de Christian Michel.

— Est-il moral qu'un patron cesse ou cède son entreprise ou sa société ?

— Cette question revient à demander : « Est-il moral que quelqu'un fasse ce qu'il veut de ce qu'il a ? » et la réponse est bien évidemment **oui**.

— Est-il moral d'obliger un patron à poursuivre son activité ?

— Cette question revient à demander : « Est-il moral d'imposer à autrui ce qu'il ne veut pas ? », et la réponse est bien évidemment **non**.

— Est-il moral qu'un état exproprie un patron qui va priver ses employés de travail ?

— Cette question revient à demander : « Est-il moral que l'on vole quelqu'un par la force, quelles qu'en soient les conséquences ? », et la réponse est bien évidemment **non**.

— Mais est-il moral que des employés, quel que soit leur nombre, qui ont peut-être contracté des crédits, qui ont peut-être de faibles économies, se retrouvent sans travail sans l'avoir voulu ? On peut même parler de fascisme, puisque le patron impose aux employés une situation qu'ils n'ont pas voulue ! Où ce système est-il moral ?

— Un système, quel qu'il soit, est moral si les droits de chacun sont **respectés**. Ce qui est moral, c'est aussi que chacun honore son **contrat**. Le patron s'est-il proposé de devenir un tuteur à vie de l'employé ? Qu'il respecte alors son engagement. La cession et la cessation font partie de la **vie** d'une société ou d'une entreprise comme le divorce et la mort font partie de la vie d'un foyer. Il appartient à chacun d'assumer ses choix et de respecter ceux d'autrui. L'individu, privé d'emploi, conserve sa compétence et sa force de travail...

— Ne crains-tu donc pas le chômage ?

— Le chômage est une situation **temporaire** tant que la liberté de chacun est **respectée**.

— La philosophie libérale, ainsi que la théorie libérale, le libéralisme, sont-elles morales ?

— Oui puisqu'elles s'intéressent au bien-être de l'élément fondateur de la société : l'individu. Or si l'on obtient le bien-être de chacun, on obtient le **bien-être** de **tous**. Mais si on cherche d'abord le bien-être de la collectivité, rien ne garantit que le bien-être de chacun soit respecté.

— L'individu est-il de nature sociale ?

— Bien sûr que oui. Et c'est parce que je vis en **société** que je suis un **individu**. En effet, par définition, le processus d'individuation, c'est-à-dire le fait d'acquérir mon indépendance, ma différence, mon autonomie et mon développement personnel, s'élabore uniquement dans la relation que j'ai avec **autrui**.

— Qu'est-ce que la société ?

— La société est l'ensemble des **relations** qu'un individu entretient avec autrui.

— L'individu est-il la matière de la société ?

— Oui puisque deux individus peuvent déjà s'associer, se syndiquer, mutualiser leurs moyens, entreprendre ensemble et de manière **volontaire**.

— Qu'as-tu à répondre aux socialistes ?

— Que l'individu **précède** toute entité sociale quelle qu'elle soit puisque les phénomènes sociaux n'existent que par les individus qui y **participent**.

— Comment peut-on juger les bienfaits d'une entité sociale ?

— Non pas par son intérêt ou sa finalité, mais par l'**effet** qu'elle produit sur **chaque** individu.

— Le commerce est-il social ?

— Oui puisqu'il s'agit d'un **échange** de biens ou de services entre **deux individus** ou plus.

— Pourquoi des états cherchent-ils à contrôler le commerce ?

— Le commerce unit les hommes, tout ce qui les unit les coalise, le commerce est donc essentiellement nuisible à l'**autorité**.[*]

— Le commerce est-il donc vertueux ?

— L'histoire du commerce est celle de la **communication** des peuples.[†]

— Mais le commerce peut-il être anarchique ?

— Le pays où le commerce est le plus libre sera toujours le plus **riche** et le plus **florissant**, proportion gardée.[*]

---

[*] Citation de Napoléon Bonaparte.
[†] Citation de Charles de Montesquieu.

— La liberté de commercer n'est-elle pas dangereuse pour une nation ?

— Aucune nation n'a **jamais été ruinée** par le commerce ![†]

— La liberté conduit-elle au progrès ?

— Oui, le 19e siècle libéral a apporté d'innombrables **progrès** dans tous les domaines et la **paix** des peuples, le 20e siècle socialiste a apporté plusieurs **guerres**. Choisis-ton camp !

— Bannis-tu le socialisme ?

— Oui, car c'est le **cancer** de l'humanité.

— Quelle est ton parti pris politique ?

— Je veux la **liberté** pour chacun et le **progrès** dans toute chose.

— Quelle est ta philosophie politique ?

— La **philosophie libérale**.

— Quelle théorie du droit reconnais-tu ?

— Le **libéralisme**.

— Quelle valeur nous conduira au progrès ?

— La **liberté** !

---

[*] Citation de François-Marie Arouet, dit Voltaire.
[†] Citation de Benjamin Franklin.

laissez-faire !

« " Laissez faire ", telle devrait être la devise de toute puissance publique, depuis que le monde est civilisé. Détestable principe que celui de ne vouloir grandir que par l'abaissement de nos voisins ! Il n'y a que la méchanceté et la malignité du cœur de satisfaites dans ce principe et l'intérêt y est opposé. Laissez faire, morbleu ! Laissez faire ! »

René Louis de Voyer de Paulmy, en 1751.

la déclaration des droits de l'individu

DÉCLARATION
DES DROITS DE L'INDIVIDU

PRÉAMBULE

Reconnaissant que la loi naturelle est universelle, invariable et éternelle,

Reconnaissant que les droits naturels sont les conditions d'existence requises par la nature humaine pour sa propre survie,

Reconnaissant que ces droits sont inaliénables et imprescriptibles,

Nous reconnaissons et déclarons les droits suivants de l'individu.

ARTICLE PREMIER

Ta vie t'appartient et tu en es responsable et souverain : nul n'a plus de droits sur ta vie que toi-même. Nul ne possède ta vie et tu ne possèdes celle de personne.

2

Tu as le droit de protéger ta vie, ta liberté et ta propriété contre l'agression d'autrui : nul ne peut utiliser la force contre ta vie, ta liberté ou ta propriété, aucun individu ni aucun groupe d'individus, pour son compte ni pour le compte d'autrui. Nul ne peut tuer, asservir ou voler autrui, quel que soit le prétexte et quel que soit le nombre d'individus qui l'y encouragent.

3

Tu choisis tes propres objectifs en fonction de tes propres valeurs.

AUX INDIVIDUS LIBRES

Préambule

Reconnaissant que la loi naturelle est universelle, invariable et éternelle,

Reconnaissant que les droits naturels sont les conditions d'existence requises par la nature humaine pour sa propre survie,

Reconnaissant que ces droits sont inaliénables et imprescriptibles,

Nous reconnaissons et déclarons les droits suivants de l'individu.

Article 1er

Ta vie t'appartient et tu en es responsable et souverain : nul n'a plus de droits sur ta vie que toi-même. Nul ne possède ta vie et tu ne possèdes celle de personne.

Article 2

Tu as le droit de protéger ta vie, ta liberté et ta propriété contre l'agression d'autrui : nul ne peut utiliser ni menacer d'utiliser la force contre ta vie, ta liberté ou ta propriété, aucun individu ni aucun groupe d'individus, pour son compte ni pour le compte d'autrui. Nul ne peut tuer, asservir ou voler autrui, quel que soit le prétexte et quel que soit le nombre d'individus qui l'y encouragent.

Article 3

Tu choisis tes propres objectifs en fonction de tes propres valeurs et les assumes.

voulez-vous en
savoir plus ?

Pour tout connaître de la plus grande atrocité survenue au cours de l'Histoire de l'humanité, je vous conseille la lecture de **Le socialisme en chemise brune**, écrit par Benoît Malbranque, un des auteurs du collectif de la « Main invisible ». 262 pages avec une pléthore d'annotations et de sources mentionnées. À mettre entre les mains de tous ceux qui se prétendent socialistes. Évitons de faire sans arrêt les mêmes erreurs, passons à autre chose !

→ Benoît Malbranque, *Le Socialisme en Chemise Brune*, Éditions Deverle, 2012. Disponible à la vente ou gratuitement au format électronique.

En lisant **Libres !**, aux Éditions Roguet et écrit par les 100 auteurs du collectif de « La Main Invisible » et dont je vous conseille la lecture, j'ai relevé 3 textes qui viennent compléter à merveille les propos tenus ici dans **Je.Suis.Libre**, à commencer par **L'Honneur des Entrepreneurs** (n° 22), de Guillaume Nicoulaud, qui nous rappelle que chaque individu qui travaille, même salarié, est un entrepreneur.

Héloïse De Smet, dans **Exister en toute Liberté** (n° 21), nous invite à devenir acteur de notre vie. La clé du bonheur est à portée de chacun et Héloïse nous suggère : « Deviens toi-même ! » C'est une excellente cure antimorosité.

Et en complément du texte d'Héloïse, François-René Rideau nous propose **Vivre libre, vivre bien** (n° 61) qui est la recette du bien-être et une invitation pour chacun à sauver sa vie.

Enfin, je vous propose de découvrir ou de redécouvrir **L'Histoire de la Liberté**, dans un excellent texte écrit par David Boaz et qui sera prochainement publié par l'Institut Coppet. C'est un livre plein d'enthousiasme qui nous montre qu'un long chemin a déjà été parcouru par les libéraux qui ont pris l'avantage sur les fascistes. Mais c'est un avantage fragile... La lutte n'est pas terminée et la liberté reste attaquée.

- 89 -

sommaire

© 2012, Heinis
Edition : BoD - Books on Demand
12/14 rond-point des Champs Elysées
75008 Paris
Imprimé par Books on Demand, Norderstedt, Allemagne
ISBN : 9782810626502
Dépôt légal : novembre 2012